OBSERVATIONS

SUR

LE DIVORCE,

Par LE COMTE D'ANTRAIGUES.

A PARIS,

DE L'IMPRIMERIE NATIONALE.

1789.

AVERTISSEMENT.

Cet Ecrit est bien éloigné de ce qu'il devroit être. Je sens ce qu'il auroit pu devenir en des mains plus habiles ; mais je n'ai pu atteindre au but que je me proposois en le commençant. Quoique je me sois hâté de le publier, j'ai été forcé de le travailler avec lenteur. Il m'a fait oublier souvent le déplorable état de ma santé; mais je crains bien qu'il ne s'en ressente.

Je le terminois, quand j'ai eu lieu de croire que la calomnie cherchoit à m'environner de ses piéges, en m'attribuant des libelles que je n'ai pas lus, & auxquels je n'ai aucune part. Pour me garantir au moins de cette inculpation, je me dois de déclarer hautement que jamais je n'ai publié aucun écrit, sans y mettre mon nom, & que

A 2

jamais je n'en publierai aucun , sans me nommer. La liberté accordée à la presse impofe cette loi à tout homme qui publie ses idées.

OBSERVATIONS

SUR

LE DIVORCE,

Par le COMTE d'ANTRAIGUES.

———————

Lorsqu'une nation long-temps opprimée par
le despotisme et par ses loix, devenue tout-à-coup
maîtresse de son sort, aspire après la liberté, et
cherche à l'établir avec cette passion qu'inspire
l'enthousiasme, elle doit éviter deux écueils, la

licence, qui rend la liberté odieuse, et le desir de changer à-la-fois toutes ses loix, qui conduit à la licence.

On devient indépendant par la force qui rompt tous les liens ; on ne reste libre que par des vertus. Quiconque aime l'impunité du crime ; quiconque veut le pardon après plusieurs fautes ; quiconque préfère l'indulgence à la sévérité, doit vivre sous un maître ; car lui seul punit par caprice, et préfère la clémence à la loi.

La loi doit être juste, mais sévère ; et plus un peuple a de liberté, plus aussi la loi est implacable.

Il s'ensuit que souvent tel qui desire la liberté, desire ce qu'il ne connoît pas, ce qu'il haïra après l'avoir obtenu ; car le règne des loix est plu cruel aux pervers que le sceptre des tyrans.

Mais un peuple qui a des mœurs abhorre la servitude, et chérit l'empire inflexible des loix. C'est donc le courage qui détruit l'esclavage ; et ce sont les mœurs pures qui font vivre la liberté.

Les mœurs sont l'habitude de tout un peuple à conformer son penchant au devoir ; mais comme la débauche corrompt à-la-fois tous les penchans honnêtes, et que jamais les vertus des hommes libres ne germèrent dans une âme flétrie par la licence de la débauche, on a long-temps regardé le mariage comme le moyen le plus assuré de maintenir la vertu et les mœurs.

Ainsi les loix sur le mariage sont à-la-fois la

base du bonheur des individus et du bonheur pu-
blic. L'Etat n'est heureux que par le bonheur de
tous, et l'hymen décide du bonheur ou du malheur de la plupart des hommes.

Sous ce rapport, il n'existe peut-être pas de
loix plus importantes que celles qui règlent les
mariages.

Un bon citoyen vient de publier un ouvrage sur
le Divorce. La lecture de cet écrit m'a inspiré
quelques idées qui contrarient les siennes; et j'ai
cru devoir me hâter de les publier, pour que l'o-
pinion publique les jugeât. En toute autre circons-
tance, j'aurois travaillé cet écrit avec plus de soin;
mais j'ai dû ne pas différer, et le publier en cet
instant. Une Motion imprévue amène un Décret
qu'on n'attendoit pas, et la promptitude avec laquelle il est sanctionné, fait que lorsque l'on a ré-
cueilli ses idées pour discuter sur la Motion, elle
se trouve devenue une loi de l'Etat.

Il n'y a donc pas un instant à perdre : dès qu'une
idée nouvelle s'empare des esprits, il faut se hâter
d'en développer les inconvéniens et les avantages,
et tout bon citoyen doit sacrifier le plaisir de bien
dire, qui demande de la correction et du temps,
au devoir impérieux de produire le plus tôt possible les idées qu'il croit utiles.

Je ne veux pas censurer le très-bon écrit du Divorce, car sur plusieurs objets, je pense comme
l'auteur, et sur-tout je rends justice à ses vues;

A 4

mais je diffère d'opinion sur la facilité qu'il veut que l'on donne au Divorce, et sur-tout sur la possibilité qu'il veut qu'on accorde toujours de divorcer pour plusieurs motifs.

L'auteur a traité cet objet avec méthode, et d'abord il a cherché à prouver que notre religion permet le Divorce. Je n'entre pas en ce moment dans le détail des preuves qu'il en donne, et de la bonté de ses preuves ; mais je dis qu'il a parfaitement connu comment devoit se traiter une pareille matière.

En effet, que serviroit de prouver la nécessité du Divorce, si la religion catholique y mettoit un obstacle invincible ?

Les sentimens coupables de quelques particuliers, qui regardent la religion comme peu essentielle au maintien des loix, n'a pas pénétré heureusement chez le peuple ; et je dis heureusement, car toutes les loix sont impuissantes, si la religion n'en prescrit l'observance. Sans la terreur d'un Juge auquel on ne peut se soustraire, toutes les loix feront enfreintes. Qui ne craint que la colère ou la vengeance des hommes, apprend bientôt à les mépriser, à les braver et à leur échapper.

L'Assemblée Nationale n'étant composée que des serviteurs du peuple, n'ayant de pouvoir que celui du peuple, et n'ayant pas tout le pouvoir du peuple, mais seulement celui qui lui a été délégué par le peuple, ne peut jamais prononcer un Décret qui choqueroit la croyance religieuse du peuple. Un pareil Décret seroit un délit. Ainsi, l'auteur du Divorce a eu raison, avant de prouver que le Divorce étoit utile, de prouver que la religion de l'Etat n'y mettoit pas un obstacle invincible.

C'est, suivant moi, ce qu'il a parfaitement démontré : en réunissant l'ensemble de ses preuves, elles se prêtent un appui mutuel, et forment un corps de doctrine, qui me paroît inattaquable.

En effet, il prouve assez foiblement que le Divorce est permis dans l'Evangile. En relisant les passages qu'il cite, il me paroît même défendu dans S. Mathieu, excepté pour le cas d'adultère (1). Et en cela, la législation angloise sur le Divorce est d'accord avec la religion d'un peuple qui ne reconnoît pour interprète de l'Evangile, que l'Evangile lui-même, et qui, par conséquent, doit suivre rigoureusement la lettre de la loi.

Pour nous, nous reconnoissons les décrets interprétatifs de l'Eglise, comme la véritable interprétation de l'Evangile. Or, en prouvant que l'Eglise a jadis permis le Divorce, on établit qu'elle l'a cru légitime. En établissant qu'elle le permet en Pologne, on prouve qu'elle le croit encore.

Ainsi, je crois que la religion catholique peut permettre le Divorce.

_____

(1) Saint Matthieu, chap. 5, verset 31 ; *idem*, chap. 19, verset 5 et les suivans.

Ce point très-essentiel étant convenu, il s'agit maintenant de savoir si le bien de l'Etat exige que la loi de l'indissolubilité du mariage soit proscrite. Hélas! on ne peut le nier, cette loi est trop belle pour les mortels.

Mais en convenant qu'il faut l'abroger, il est aisé de concevoir quel sentiment sublime là fit adopter.

En des siècles où le véritable amour avoit encore toute sa puissance, il parut enchanteur autant que juste et doux de faire d'un sentiment unique l'objet et le terme de la vie entière. Son ardeur présageoit son immutabilité, et celui qui sut aïmer à l'aurore de sa vie, trop sûr qu'un pareil bonheur ne pouvoit plus renaître, voulut que celle qui le lui avoit inspiré, le lui rappellât sans cesse, et que la volonté seule de Dieu pût briser, par la main de la mort, des liens qu'avoient formé le sentiment, l'estime et l'amour.

Celui qui voulut que la religion présidât à l'union des époux, celui-là rendit à la religion son véritable empire. Ce ne fut pas une concession; ce fut un hommage, ce fut un devoir de conduire aux pieds de l'être éternel et auprès de ses autels deux êtres heureux, à qui il avoit commandé de s'aimer et de s'unir.

Quiconque voudroit ôter à la religion l'auguste emploi de bénir les mariages, raviroit aux hommes un bonheur auquel ils ont droit, et à la religion une influence que l'on ne peut lui faire perdre.

C'est le prix des unions formées par amour et approuvées par la vertu et la loi, que de se promettre devant Dieu même un indestructible attachement, et d'avouer dans son temple, en présence de ses adorateurs, la noble et tendre passion qui va faire le destin de la vie.

Un tel prix ne peut être ravi à la vertu et à l'amour. C'est le tourment d'une passion illégitime, que d'être contraint d'en voiler l'existence aux yeux des hommes; et c'est la récompense de l'amour pur et permis, que d'en remercier l'être suprême, et d'appeler les hommes en témoignage de son existence et de sa durée.

Bientôt sans doute la foiblesse du cœur humain fit sentir qu'on avoit trop promis, en jurant de s'aimer toujours, et l'indissolubilité du mariage devint le fléau de ceux dont elle avoit fait l'espoir.

Mais à ces causes prises dans la nature, s'en joignirent bientôt de plus impérieuses et plus cruelles encore, et qui, rendant le mariage odieux dès sa naissance, en firent un supplice par sa durée.

Qui ne croiroit que le peuple, chez qui le lien du mariage ne peut se briser que par la mort, adoucit cette loi sévère par la liberté la plus illimitée dans le choix des époux? Qui ne frémiroit d'horreur en songeant que c'est cependant chez ce peuple, que l'autorité paternelle dispose, pour sa convenance, du cœur des jeunes gens ; que c'est dans ce pays où le sentiment, qui prépare les longues unions, n'est pas même consulté ; où l'amour, qui seul les embellit, n'existe pas quand on les forme ; enfin où toutes les convenances de rang et de fortune sont examinées et décident, et où les seules vraies convenances de caractère, de sentiment et d'amour ne sont pas même écoutées.

Un père ambitieux vend sa fille pour des honneurs ; un père avide en achette une au poids de l'or.

Quand les plus viles, les plus abjectes passions des pères sont assouvies, alors on conduit à l'autel les deux victimes. Ce n'est pas un hyménée, c'est un sacrifice, c'est un sacrilège ; et de l'obligation d'être toujours unis, naît pour les époux la nécessité d'une haine éternelle.

Quand telles sont les mœurs d'un peuple, l'indissolubilité du mariage est un fléau, le Divorce est une nécessité absolue : il faut laisser aux loix la possibilité de séparer un jour ce que le crime seul avoit uni. Ainsi, comme telles sont nos mœurs, et que celles des premières classes ont puissamment influé sur toutes les classes des citoyens, il n'est pas douteux que nos mœurs ne sont plus assez pures pour que les mariages soient indissolubles.

Mais la loi, en permettant le divorce, doit sans cesse avoir en vue de le rendre inutile, et l'indissolubilité qu'elle proscrit de droit, elle doit toujours la desirer de fait.

Quels sont donc les moyens, en accordant le Divorce, de rendre les mariages indissolubles ?

Il n'en est qu'un : c'est de laisser aux citoyens la liberté de se marier à leur gré.

Ce n'est pas par des Décrets que l'ASSEMBLÉE NATIONALE donnera la plénitude de cette liberté : sa puissance, soutenue par le peuple, peut contraindre ; elle ne peut persuader.

La liberté du mariage consiste en ce que tous les citoyens puissent à leur gré choisir, dans toutes les classes des citoyens, la compagne de leur vie. L'ASSEMBLÉE NATIONALE aura beau déclarer tous les rangs égaux, elle les rendra tels aux yeux de la loi ; ils seront toujours distincts aux yeux de l'opinion, et vouloir maîtriser l'opinion par un Décret, c'est vouloir usurper l'empire de la divinité ; et c'est dans les hommes un grand ridicule tout au moins.

Mais le seul moyen de laisser la liberté du choix dans les mariages, le voici :

Il est un âge heureux, où plus près de la nature, on sait entendre et fléchir à sa voix. Plus les hommes vieillissent, plus ils se soumettent à des passions contraires à la nature. C'est donc dans l'âge de la jeunesse et de l'amour, qu'il faut permettre aux hommes de n'écouter que la voix du sentiment, et de s'unir à celle qu'ils ont aimée, sans que la permission paternelle soit absolument nécessaire.

On peut s'en passer à 30 ans. C'est trop tard. Les plus belles années sont écoulées ; la débauche a flétri les premiers penchans ; on ne sait plus aimer à cet âge, et on ne mérite plus d'être aimé.

Je pense donc, qu'il faudroit permettre aux hommes et aux filles de se marier à 20 ans, sans le consentement de leurs pères, et sans qu'ils puissent alors les priver de leur légitime.

Déjà, j'entends les clameurs s'élever, et me citer les extravagantes passions de la jeunesse, pour me prouver la nécessité de diriger son choix, et choisir pour elle l'objet qu'elle doit aimer.

Il faut céder quelque chose à ces terreurs ; elles peuvent n'être pas imaginaires, et d'ailleurs le respect pour la puissance paternelle est un devoir : quand l'excès en est blâmable, la juste mesure est une vertu.

Qu'est-ce qui prouve qu'un sentiment doit nous rendre heureux ? Hélas ! ce n'est pas ce premier délire, qui, à l'aspect de celle qui doit être aimée, nous subjugue et nous enchaîne ; c'est la durée de ce même sentiment, qui prouve que l'amour a ôté son bandeau. Eh ! bien, épurez l'amour par la constance, j'y consens ; mais fléchissez devant l'amour, qui s'accroît par les obstacles.

Je voudrois donc qu'un homme de 20 ans pût déclarer à son père le choix qu'il a fait de sa compagne;

Que le père pût s'opposer deux ans à ce choix; qu'il pût même exiger un an d'absence. Il faut avoir aimé, pour connoître l'horreur de cette épreuve; mais elle seule porte le témoignage d'un amour indestructible, et il faut y soumettre un jeune homme.

Mais enfin, si deux ans d'obstacles, si un an d'absence (1) ne peuvent vaincre sa constance, reconnoissez alors l'empire de l'amour. La voix de la vertu est celle de Dieu même, et quelle que soit la compagne que votre fils s'est choisie, qu'il puisse la conduire à l'autel !

Je voudrois donc accorder aux pères un refus momentané ; c'est tout ce que la prudence humaine permet d'exiger, et aux enfans des deux sexes la liberté d'annoncer leur choix à 20 ans, et de s'unir à 22; et comme il seroit possible qu'il existât des pères assez dépravés pour consumer toute leur fortune, plutôt que de laisser une légitime à leurs enfans, je voudrois que, dès l'ins-

_____

(1) Je n'ai pas eu le courage d'accorder deux ans d'absence. Eh! qui peut vivre après de si cruelles épreuves ! Il faut éprouver le véritable amour; mais il ne faut pas faire mourir ceux qui le ressentent.

tant du mariage, la légitime fût assurée; que le
père en jouît, mais sans pouvoir l'aliéner, et qu'il
fût même contraint d'accorder une pension alimentaire à son enfant, afin d'éloigner au moins de
lui les horreurs de l'indigence.

On s'abuseroit étrangement, si l'on croyoit que
c'est uniquement dans les classes élevées de l'État
que l'on craint les mésalliances, et où les convenances de rang et de fortune règlent les hymens.

Sans doute, la crainte des mésalliances maîtrise
impérieusement les classes élevées, mais elle tyran-
nise à présent toutes les classes de l'Etat. L'or
seul fait taire les préjugés; car, en ce siècle, on sait
vendre ses préjugés, et les immoler à l'avarice,
mais on ne sait pas les sacrifier à l'amour et à
l'innocence.

Et cependant, si jamais il exista un préjugé fou,
déraisonnable, sans objet, c'est celui qui éloigne
du citoyen une citoyenne née dans un état obs-
cur. Un pareil hymen devroit contenter jusqu'au
préjugé même, puisque l'état du mari devient
aussitôt l'état de la femme, et assure celui de ses
enfans. Ainsi, de pareils hymens s'accomplissent encore, non par l'influence heureuse de l'amour, mais
par celle de l'or; et assurément de toutes les ma-
ières de s'allier, la plus honteuse, la plus abjecte est
celle où une fille porte à un époux, pour tout mérite, quelques millions, f. du brigandage de ses
                                        pères,

pères, et preuve souvent trop cruelle de l'impuis-
sance des loix.

Les mariages contractés par une fille d'une classe
élevée avec un homme d'une classe inférieure, offensent davantage le préjugé des mésalliances.
Dans un pareil hymen, une jeune fille a la gloire
d'offrir à la vertu un plus éclatant sacrifice. Ce
bonheur peut-il lui être ravi, et n'est-ce pas déjà
pour elle un gage d'un inaltérable bonheur, que
d'avoir prouvé que, dans une ame encore jeune,
la voix de l'orgueil s'est éteinte, ou plutôt que
cet orgueil ordinaire de rang et de fortune a cédé
à un orgueil plus noble, celui de venger des coups
du sort le mérite outragé par la fortune ?

Dans la société, il est impossible que les loix
empêchent que souvent les talens, la vertu n'é-
prouvent tous les tourmens de l'indigence : laissez donc faire au sentiment, pour les protéger,
ce que vos loix ne peuvent faire, et confiez aux
cœurs des citoyennes sensibles le soin de se donner elles-mêmes en récompense à ceux qui n'ont,
pour les obtenir, que le mérite d'être pauvres et
de supporter honorablement leur misère.

Mais dans l'Assemblée Nationale la plupart des
Députés sont pères, et quelque vertueux que soit
un père, il est rare qu'en voulant détruire le despotisme politique, il ne veuille conserver le despotisme domestique ; mais il est encore plus rare
qu'un père, à quelque prix que ce puisse être, ne

veuille le bonheur de ses enfans : ce sentiment do-
mine tous les autres; et telle est l'excellence de
la tendresse paternelle, que ses erreurs naissent souvent de son amour.

Mais en y réfléchissant, un père raisonnable doit
sentir que le cœur d'un viellard est peu propre à
juger la véhémence d'un sentiment véritable; ses
flammes, éteintes par les années et les soucis im-
portuns d'une vie agitée, ne peuvent ni l'échauffer,
ni se ranimer par de trop foibles souvenirs : dès-
lors, les convenances qui subjuguent son fils, et
qui eussent fait le charme de sa vie, le touchent
peu; il n'est sensible qu'à celles qui plaisent
à son âge, &, mû par ce sentiment, il veut
que les convenances d'un vieillard deviennent
celles de la jeunesse.

En vain citeroit-on des mariages où le sentiment
seul écouté n'a pas produit le bonheur. Je le crois:
je ne dis pas qu'il doive toujours le produire; mais
je dis qu'il n'existe pas de moyen d'être heureux,
si d'abord le sentiment et l'amour n'ont formé les
mariages.

D'ailleurs, il n'est qu'un âge pour l'amour et l'innocence. Cet âge passé ne peut renaître, non plus
que les sentimens sublimes qui l'accompagnent.
Plus tard, ce ne sont plus des vertus que l'on veut
dans une épouse ; ce sont des richesses et des
honneurs; mais dans l'âge heureux où les vertus ont un prix, dans cet âge où le cœur s'ouvre

à la soif d'aimer , et où la voix de celle qu'on aime
règle impérieusement toutes nos destinées ; alors,
je le dis , alors, il faut favoriser les hymens. Un
cœur embrasé par une première passion , et uni à
l'objet qui la lui inspire , conservera long-temps
des sentimens purs dans un cœur honnête , que
n'a pas eu le temps d'avilir la débauche. Un hymen conclu sous de tels auspices rendra heureux
ceux qu'il enchaîne ; la véhémence de la passion
s'éteindra sous les glaces de l'âge ; mais son im-
mortel souvenir vivra encore, et rendra chère celle
qui les inspire ; d'heureux enfans rappelleront les
plus doux instans de la jeunesse; ils seront des souvenirs vivans du plus pur, du plus tendre amour.
Oui, je le repète, j'en suis persuadé, laissez aux jeunes gens la liberté de se marier à 20 ans , et le
préjugé des convenances sera détruit; laissez-leur
la liberté de se marier à 20 ans, et vous n'aurez
que d'heureux mariages.

Laissez-leur la liberté de se marier à 20 ans, et
la loi du Divorce sera inutile.

Sans doute, l'effet de cette loi excitera bientôt
des murmures.

La fille d'un homme opulent s'unira à la vertueuse médiocrité.

Le fils d'un Prince épousera peut-être la fille
d'un bourgeois.

Cela pourra déplaire à leurs familles ; mais ces
unions doivent plaire aux Législateurs. Ce sont

des espèces d'adoptions formées par l'honneur et l'amour, et qui, par des liens pleins de charmes, ramènent mieux à l'égalité, que de vaines loix, qui irritent sans persuader.

Je n'ajoute plus qu'un mot, pour ceux qui redouteroient précisément cette égalité que feroient naître des hymens assortis par la confiance, l'estime et l'amour.

Il est peu de pères assez dénaturés, pour préférer la splendeur de leur généalogie au bonheur de leurs enfans, & qui veuillent sacrifier à ces convenances d'opinion les sentimens les plus naturels au cœur de l'homme.

Mais ils imaginent pouvoir tout allier; et les calculs de leur froide sagesse se bornent à unir aux vertus qui rendent une fille desirable, tous les avantages qui satisfont la vanité et l'ambition.

Cette union est impossible; si elle se rencontre, c'est par un hazard qu'il n'est pas permis d'espérer: mais comme le rang et la fortune sont inutiles au bonheur, c'est donc par les vertus qui apprennent à se passer de ces biens de l'opinion; c'est par les charmes qui les font dédaigner; c'est par l'union intime des cœurs, qui console de tous les coups du sort, qu'il faut faire naître et cimenter l'union de deux êtres qui se dévouent à supporter ensemble les tourmens de la vie.

Or, ces vertus, ces sentimens ne se commandent pas; on les desire plus qu'on ne les obtient;

mais c'est à ceux-là seuls qui jurent de toujours s'aimer, s'aider, se consoler, qu'il appartient de rechercher et de connoître si celle qu'ils associent à leur destinée, a les qualités nécessaires pour l'embellir.

J'ose le dire, le plus grand des bienfaits de l'Assemblée Nationale sera d'avoir rendu les mariages plus faciles, moins soumis aux calculs de l'ambition, et d'avoir par ce moyen enchanteur rétabli une égalité que la société altère nécessairement à chaque instant. La liberté peut périr, un jour le despotisme peut renaître; mais ce bienfait de l'Assemblée, qui facilitera les mariages, ne périra pas, car il est de l'intérêt même des tyrans de le conserver.

C'est en vain que l'orgueil en murmure; ce bienfait ne peut être refusé à la Nation. En nous présentant celle qui doit maîtriser notre cœur, le Créateur n'a pas égard à ces chimériques convenances d'opinion, dont nous sommes les déplorables victimes.

Chef-d'œuvre de l'éternelle bonté, la beauté, unie à l'innocence et à la vertu, asservit sans aucun effort ces hommes si vains, et les conduit en suppliants aux pieds de celle de qui dépend leur destinée. C'est en vain qu'autour de celui qu'enflamme l'amour, les préjugés de ses parens se font entendre, il n'écoute que la voix de la vertu et du devoir; celle-là étouffe bientôt ces passions factices,

ouvrage des hommes ; celle-là règne seule en sou-
veraine dans de jeunes cœurs, capables de s'épren-
dre de ses attraits ; elle règne plus despotiquement
encore sur les grands caractères, ils lui sont d'autant plus asservis que leur tête altière ne portera
jamais d'autre joug.

C'est alors cependant que des pères avides vien-
nent dicter à de jeunes cœurs, ivres d'amour et
d'espoir, les froides maximes de leur sagesse ; et
c'est alors que la loi prononce que la volonté de
s'unir ne suffit pas pour légitimer l'union des
citoyens.

Quelle horrible législation ! N'a-t-on pas vu des
Tribunaux briser, par leurs cruels Arrêts, les plus
saintes unions? La loi leur prescrivoit ces douloureuses dispositions : je le sais ; mais enfin on a
vu des hymens formés par le sentiment, cimen-
tés par le bonheur, vainqueurs des obstacles et de
l'infortune, se briser dans le temple des loix , parce
qu'un père dénaturé y demandoit, au nom de la
loi, cette cruelle victoire.

Mais ravir à l'époux l'épouse qu'il s'est choisie
et qu'il réclame , c'est lui faire pis que le tuer ;
c'est lui laisser la vie, pour lui en faire éprouver
les tourmens.

La mort seroit douce à celui qui se voit séparé
pour jamais de ce qu'il doit toujours aimer ; il l'in-
voque, et il saura peut-être la devancer ; il ira chercher dans un tombeau le repos que lui ravissent

des loix barbares, et il y descendra sans avoir besoin de courage : expirer n'est rien pour lui ; il mourut en perdant ce qu'il devoit aimer. De pareilles violences ne doivent plus exister.

Si la liberté publique est le fruit heureux de nos travaux, elle sera cimentée par d'heureux mariages; et des pères fortunés laisseront pour successeurs, de bons citoyens.

Si le despotisme pouvoit renaître, alors cette loi seroit bien précieuse.

Quand les loix sont violées, alors la patrie, qui n'est plus, se retrouve encore dans les foyers domestiques; et les sentimens généreux des citoyens se réfugient dans les cœurs, quand des tyrans les chassent de nos conseils.

C'est alors, qu'étrangers à la chose publique, les citoyens opprimés cherchent, dans des nœuds formés par l'union des cœurs, à se consoler de leur mutuelle misère.

Oui, si jamais il doit être libre aux citoyens de se choisir seuls l'objet qu'ils doivent aimer, c'est dans les temps de calamité publique.

Les tyrans ne raviront pas cette consolation à l'infortune : cette partie de nos loix subsistera encore ; leur politique s'oppose à sa destruction ; ils savent combien, dans un malheur commun, et les tendres épanchemens qu'il nécessite, les cœurs s'amollissent et se fondent; ils savent que des bras enchaînés par le sentiment ne s'arment pas de poignards, tant qu'on les laisse s'enlacer des liens de l'amour.

Si jamais la liberté publique doit périr, les citoyens nous devront encore leur indépendance naturelle; ils pourront chercher, à leur gré, dans leur patrie désolée, la compagne de leur malheur, celle avec qui ils pourront penser à cette patrie chérie, pleurer sur son sort et sur le malheur de lui avoir survécu.

Je finis : le Divorce est permis par la religion. Nos mœurs le rendent nécessaire; nos desirs doivent être que la loi qui l'autorise soit inutile. Pour y parvenir, il faut rétablir l'égalité dans les mariages; et pour donner aux citoyens la plénitude de leur liberté, pour rendre cette liberté utile, il faut que les enfans puissent se marier à 20 ans ou à 22, sans la permission de leurs pères, et sans que ceux-ci puissent les priver de leur légitime et d'une pension alimentaire : mais après avoir cherché à éloigner le Divorce, il faut enfin que la loi établisse quand ce cruel moyen de se séparer pourra être mis en usage.

Avant d'établir quelles seront les circonstances douloureuses où la loi du divorce pourra être invoquée, il faut, afin de calmer les imaginations trop vives, décider promptement quelles circonstances doivent rendre le Divorce à jamais impossible, quelle que fût la force des motifs qui peuvent éloigner l'un de l'autre deux époux.

Si déja il est né des enfans d'une union auto-
risée par la loi, l'indissolubilité du mariage doit
être de régner, tant que les enfans nés de ce mariage existent.

Vainement, voudroit-on établir le Divorce entre
des époux que l'hymen a rendu pères; il ne sau-
roit exister.

Le Divorce est la séparation de ceux que l'hymen a unis. Le Divorce, pour être légitime, doit
rendre deux époux étrangers l'un à l'autre; il doit
éteindre dans leur cœur le souvenir de ce qu'ils
furent en des temps plus heureux.

Il faut boire les eaux du Léthé, quand on a obtenu le Divorce, afin que le cœur infortuné, à
qui la loi a rendu la liberté de faire un second
choix, puisse chercher sans crime s'il lui est permis d'aimer encore une seconde fois.

Peut-être, quand il n'existe plus, d'une union devenue malheureuse, que des souvenirs, ces souvenirs peuvent-ils s'éteindre? L'infortune les a déco-
lorés ; s'ils renaissent encore, ils sont accompa-
gnés du sentiment déchirant des injustices dont
on fut la victime, et ils cessent alors d'être
dangereux.

Mais quand des enfans ont survécu au bonheur
de leurs pères, et que, nés quand ils s'aimoient,
le ciel les fit orphelins, sans conduire au tombeau
ceux qui leur donnèrent la vie, alors la main des
hommes ne peut, sans crime, séparer ceux qui,

malgré les loix et malgré eux-mêmes, doivent toujours rester unis; elle ne peut rendre éternel un malheur momentanné, et ravir à un citoyen le bien dont le ciel l'a privé dans sa colère, mais qu'il lui rendra dans sa clémence.

Le Divorce, pour être légitimé, exige 1°. l'impossibilité morale d'un accomodement entre les époux; 2°. la possibilité de porter entièrement ailleurs un cœur délivré de ses premières chaînes.

Rien de tout cela ne peut exister, quand le ciel a donné des enfans aux époux.

Dans cet état, la chaîne de l'amour peut se rompre; celle d'un sentiment mutuel pour les enfans existe toujours; sans cesse elle rapproche les époux. Pendant l'enfance de leurs enfans, forcés de leur rendre des soins mutuels, les flammes de l'amour sont, à chaque moment, prêtes à se rallumer près du berceau de l'innocence.

Alors, un moment suffit pour réunir ceux que de vains efforts n'ont pu rapprocher. Le tendre sourire d'un enfant, qui, encore protégé par son ignorance, ne sait pas que l'on peut haïr, et qui, dans ses caresses, confondant également ceux qui lui donnèrent le jour, les rappelle malgré eux à l'amour et à la concorde, peut ranimer une sensibilité prête à s'éteindre, et faire verser autour de lui les pleurs du repentir et ceux de la clémence.

Si tant de moyens sont inutiles, laissez à l'enfant

devenu adolescent le soin de réunir ceux que son plus puissant intérêt exige qu'ils soient rapprochés.

La grace que n'a pu obtenir le coupable époux ou la femme criminelle, sera accordée aux prières d'un fils, aux pleurs d'une fille; et ce qui fut refusé à l'amour, sera donné à la tendresse paternelle.

Enfin quand le Divorce sépare ceux que l'hymen a unis, lorsque ce mariage n'a produit aucun enfant, vous entrevoyez la possibilité de faire deux heureux, et vous faites cesser un mal présent; c'en est assez pour légitimer le Divorce.

Mais s'il existe des enfans, vous faites un mal présent irréparable, dans l'attente d'un bien incertain; vous punissez l'innocence, du crime de ses pères, et vous enlevez à un enfant l'un des auteurs de ses jours, sans espoir de jamais le remplacer. Le sentiment maternel ne peut ni se suppléer, ni exister dans un autre cœur que celui d'une mère.

D'ailleurs, dans cette position, vous rendez libres ceux que le ciel n'affranchit pas; vous les autorisez à former une autre union, quand la preuve de l'indissolubilité de la première est encore vivante.

Eh! quels remords accableroient les Juges, si, après avoir prononcé de pareils Divorces, ils pouoient apprendre que, lorsque l'union d'une femme avec un nouvel époux a bri 'ses premiers nœuds, lui a commandé de nouvelles affections, l'aspect de son fils qu'elle abandonna a fléchi son cœur, l'a rapprochée de son père ; qu'elle sait à présent pardonner, quand le pardon est un crime ; qu'elle sait aimer, quand l'amour est un forfait , et que le sentiment maternel a allumé dans son cœur des flammes adultères !

Non, non, on ne peut séparer les pères d'un enfant , le ciel les a unis pour jamais ; tant que de pareils médiateurs existent, nulle haine n'est éternelle : l'hymen est donc indissoluble.

Mais, me dira-t-on, si la haine entre les époux est telle qu'elle s'accroisse au point de devenir périlleuse ; alors séparez, momentanément, ce qui doit un jour se réunir ; laissez aux charmes irrésistibles de l'amour maternel le temps d'opérer, et éloignez seulement les deux époux.

Mais si l'infidélité d'une femme a souillé votre maison des fruits de l'adultère, alors, je l'avoue, s'il n'existe pas d'autres enfans que ceux qui sont nés de l'adultère, le père n'est lié par aucun sentiment, il doit être rendu à sa première liberté ; mais alors c'est devant les Tribunaux que doit être traînée sans pitié la femme coupable. C'est là, et là seulement que toutes les preuves de son crime doivent être dévoilées, et qu'une sentence doit la rendre étrangère à son époux , odieuse à ceux-là mêmes que ses charmes eussent pu décevoir, méprisable à tous les hommes. Au supplice de l'opprobre, joignez celui de déclarer son enfant illégitime ; il le faut bien, puisqu'il l'est en effet, et son malheur fera encore le supplice renaissant sans cesse de sa coupable mère.

Mais s'il existe des enfans nés dans le temps fortuné où leur mère avoit des vertus, doivent-ils être flétris, parce qu'elle les a perdues ? Non, sans doute ; et, en ce cas, le mariage est encore indissoluble. Oui, je le soutiens ; il n'est aucun crime inexpiable pour le cœur d'un père ; il sacrifiera un jour son ressentiment à ses enfans ; la viellesse aura calmé sa trop juste colère ; prêt à mourir, il deviendra clément ; son pardon semblera effacer les fautes de son épouse dans le souvenir de ses enfans ; il voudra leur laisser une mémoire honorable de leurs pères, et le même tombeau recevra deux êtres long-temps séparés, peut-être coupables, mais que la piété filiale aura scu réunir.

Je crois donc que la première Loi à prononcer sur le Divorce, c'est qu'il ne pourra jamais avoir lieu lorsqu'il existera des enfans d'un mariage légitime ; et que la séparation momentanée pourra seule éloigner deux époux malheureux.

Enfin, il faut donc en convenir, il existera des circonstances où la Loi permettra le Divorce. L'Auteur des Loix sur le Divorce en désigne douze. Plusieurs lui paroissent si positives en faveur de son opinion , qu'il croit qu'elles ne peuvent être contestées. Je ne suis pas de son avis.

La mort civile, la condamnation à une peine infamante, un crime quelconque lui paroissent dans la série des motifs du Divorce, des raisons suffisantes pour le réclamer et pour l'accorder.

Mais qu'est-ce que la mort civile, et la condamnation à une peine infamante ? C'est un Jugement qui prononce que tel Citoyen a mérité la mort, dans le premier cas, ou un châtiment personnel quelconque, dans le second.

Si la mort civile se change en une mort réelle par la capture de l'accusé, le Divorce est prononcé par le fait ; mais si l'accusé s'est enfui, & que la Loi prononce la peine de mort contre l'accusé contumace, alors la mort civile est établie, & l'Auteur veut qu'elle soit suivie du Divorce.

Mais, qui est-ce qui prononce les Jugemens qui privent les hommes de leur honneur et de leur vie ? Ce n'est pas la Loi ; elle se contente de prononcer que tel crime est puni par la mort ; ce sont les hommes seuls qui jugent que tel homme étant coupable d'un crime, la Loi a ordonné qu'il mourût. La Loi est donc toujours juste ; mais les hommes, qui prononcent sur le fait, peuvent se tromper ; et ils se sont souvent trompés.

La fuite n'est pas une preuve que l'accusé est coupable ; car si ordinairement la fuite est une preuve de la pusillanimité d'un accusé, il est des temps où la fuite est une preuve de sa prudence.

Il a existé, même à Sparte, des temps affreux d'erreurs et de crimes, où des traîtres avoient égaré le peuple, l'avoient rendu furieux, avoient corrompu son cœur, et l'avoient environné de prestiges. Dans ces temps dévoués aux forfaits, un Citoyen vertueux put être accusé par un scélérat; alors, il devoit fuir; il devoit épargner à son pays l'ignominie d'un assassinat.

Ainsi, la fuite n'est jamais une preuve du crime d'un accusé, et quelquefois elle est digne d'éloges; elle ne peut donc influer sur le jugement : cependant, la nécessité de recueillir des preuves impose celle de continuer l'instruction en l'absence de l'accusé ; et la Loi permet enfin de prononcer sans l'entendre.

Mais reparoît-il ? Aussitôt la Loi détruit son ouvrage ; il n'existe plus que son accusation, la déposition des témoins, et l'accusé se ressaisit de tous ses moyens de défense. Il se peut donc que la condamnation d'un fugitif soit changée, par sa présence, en un Arrêt qui lui rende son innocence.

La prévoyance de la Loi doit s'étendre à tout; elle doit fixer un terme assez long à l'accusé, pour qu'il puisse se présenter à ses Juges; un terme assez long, pour que les raisons qui commandoient sa fuite, aient eu le tems de se détruire; enfin, elle doit agir de telle sorte, que son absence obstinée paroisse à tous les yeux une preuve de sa faute, et alors seulement, le Jugement par contumace peut entraîner tous les effets d'un Jugement rendu en présence de l'accusé; alors, le Divorce peut être réclamé et accordé; auparavant, il ne peut être accordé sans crime; car, si après l'avoir accordé, l'accusé est reconnu innocent, et que son épouse soit, en vertu de vos Loix, unie à un autre époux, comment la lui rendrez-vous, et s'il est condamné à la perdre, quel sera donc le crime que vous aurez puni, puisque vous l'avez déclaré innocent ?

Je sais bien qu'un infortuné, menacé d'une accusation capitale, s'il est innocent et qu'il soit forcé de fuir, lorsque, rendu à sa Patrie, il viendra y réclamer et y obtenir l'Arrêt de son innocence, sera peu desireux de réclamer une femme assez avilie, assez cruelle, assez lâche pour avoir aggravé sa misère et avoir formé d'autres nœuds; mais la Loi ne doit pas permettre ce qu'il seroit infâme d'obtenir.

Je crois aussi que dans des mariages assortis par l'union des cœurs, de pareilles atrocités seroient rares. Jamais une femme n'abandonnera

son

son époux, quand il sera malheureux. Les mœurs
des hommes sont plus dépravées que celles des
femmes : la nature parle encore à leur cœur, et
la sensibilité ne s'y éteint jamais tout-à-fait : c'est
sur-tout pour les infortunés qu'elle se ranime ;
et telle femme dont le sentiment s'attiédit dans
la prospérité, sentira l'amour se rallumer dans
son sein pour un époux désolé, persécuté par
les hommes et frappé des coups du sort.

Mais la Loi, toujours impartiale et sévère,
doit prononcer que la mort civile et tout Jugement rendu en l'absence de l'accusé, ne donnera lieu à une demande en Divorce que lorsque le nombre d'années accordées à l'accusé pour
se présenter, sera écoulé.

La prison de longue durée est une punition
que la Loi inflige. Il seroit injuste d'exiger assez de vertu dans l'un ou l'autre des époux,
pour les obliger de vivre seuls pendant les plus
belles années de leur vie ; et s'il en est, qui,
après avoir aimé, puissent oublier que l'un
d'eux est dans les fers, et se détacher de celui
que tous abandonnent, que la Loi lui permette
le Divorce : mais encore faut-il fixer de combien
d'années doit être le terme d'une prison légale,
et ce tems doit être long : 20 ans seroient peut-
être trop, mais 10 ans et 12 ans ne seroient
pas assez.

Obf. fur le Divorce.   C

L'esclavage, dont on ne peut prévoir la fin, n'est pas un motif de Divorce.

Il n'est pas de captivité dont on ne puisse prévoir la fin, puisque la volonté d'un maître peut briser vos chaînes et qu'une audace heureuse peut vous en affranchir. D'ailleurs, la captivité est un coup du sort qui peut frapper l'innocence et la vertu, et la main des hommes ne doit pas aggraver l'infortune de l'innocence, en brisant des liens qui doivent la consoler.

L'expatriation forcée ou volontaire, quand elle est prononcée par la Loi ou par la volonté de celui qui fuit sa Patrie, n'est pas une obligation à l'épouse de l'imiter : je dis ce n'est pas une obligation à laquelle la Loi puisse la contraindre ; c'est au cœur seul que la nature et l'amour en commandent l'observance.

Mais si elle ne dit rien au cœur de celle ou de celui qui préfère sa Patrie à son épouse, alors la Loi doit permettre le Divorce.

Quant à la disparution d'un des Conjoints, ce n'est pas là un moyen ; il faut que cette disparution soit suivie d'une absence de plusieurs années, pour que l'honneur permette de demander le Divorce.

L'infécondité de l'hymen n'est pas un motif de Divorce, car un hymen peut être stérile dix ans, et fécond après ce laps d'années ; ainsi, la stérilité des mariages n'est une raison de Divorce, que lorsqu'une maladie incurable met obstacle à la génération.

Si cette maladie existoit avant le mariage, le mariage n'a pu exister ; si elle est survenue depuis, elle autorise le Divorce.

La démence est une maladie, mais elle peut se guérir ; elle ne peut donc autoriser le Divorce, que lorsque la durée de ce mal, pendant plusieurs années, semble assurer que la démence est incurable.

Venons à présent aux quatre motifs de Divorce que l'auteur croit, avec raison, autoriser le Divorce ; mais qu'il ne veut pas soumettre aux Tribunaux de la Loi.

Le premier doit encore en être retranché ; il est ainsi énoncé : Un crime quelconque.

Une action n'est un crime capable d'autoriser le Divorce, que lorsque la Loi a prononcé qu'un tel est coupable d'un tel crime, et nul être n'a le droit de se mettre à la place des Loix et de ses Ministres, pour juger les Citoyens ; je le prouverai bientôt. Resté donc pour motif de Divorce :

L'Adultère,
Le désordre extrême,
L'incompatibilité des caractères.
Discutons d'abord ces motifs en eux-mêmes.

Nous discuterons ensuite s'il est possible d'en laisser juger la validité à d'autres qu'aux Ministres des Loix.

L'adultère est l'opprobre du mariage; et si la plus honteuse dissolution des mœurs publiques en a fait, parmi nous, un crime vulgaire, il n'en est pas moins certain que le dernier terme de l'avilissement où puissent tomber des Citoyens, c'est de ne plus rougir d'offenser publiquement la sainteté des mariages et la foi des sermens.

Cependant, si un pareil crime peut jamais solliciter l'indulgence, c'est dans un ordre de choses tel que le préjugé et la Loi l'ont établi parmi nous.

Qu'est-ce que le mariage dans les classes élevées de l'Etat ?

Un infame contrat dicté par la cupidité : l'ame cadavéreuse d'un père vend, au poids de l'or, le cœur vivant d'une jeune fille ; on la marchande, on compte des sacs d'écus, on les enregistre ; par-tout on cherche à prévenir le dol, la mauvaise foi ; on stipule, on contracte : il semble voir des brigands, dans une caverne, se partager les dépouilles d'une victime que l'on va immoler.

Un Prêtre ose ordonner au nom de Dieu, à une fille timide, d'aimer celui qu'elle ne connoît pas, et qui se fit payer pour s'unir à elle. Au sortir du temple, elle est jetée dans les bras d'un homme qui se dit son époux ; il en jouit, sans l'avoir obtenue, sans son aveu : voilà le mariage, tel qu'il existe dans nos mœurs. Il faut en convenir, dans de pareils hymens, la Loi, forcée de punir l'adultère, est contrainte de fermer les yeux, pour ne pas voir l'adultère.

Mais, en rendant au mariage toute sa pureté, toute son indépendance, il faut rendre à la Loi qui punit l'adultère toute sa sévérité, et à ses Ministres toute leur vigilance. Aucun Peuple n'a laissé un pareil crime impuni. Comme il détruit le lien de la Société domestique, il relâche tous les liens politiques. Qui ne peut être heureux dans ses foyers, n'a plus de Patrie.

La Loi de Moïse punissoit de mort la femme adultère et son complice. Sa sévérité peut paroître excessive ; mais au moins, la peine étoit-elle égale pour les deux coupables (1). En cela, elle étoit plus juste que la Loi de la répudia-tion (2), établie par le même Législateur ; et, pour le dire en passant, il n'existe pas de Loi plus tyrannique que celle de la répudiation : la femme est asservie, le mari peut la répudier ; cela seul montre un tyran et une esclave, et dans de pa-

_____

(1) Deutéronom., *cap.* 22.
(2) *Idem*, *cap.* 24.

reils rapports, il ne doit exister que haine et que terreur.

La Loi des Romains, au rapport d'Aulugelle, qui cite le propres termes de Caton, permettoit au mari de tuer sa femme surprise en adultère, mais avec cette indigne restriction en faveur de l'époux coupable, qu'il n'étoit pas permis à la femme, qui surprenoit son mari, de le toucher seulement du bout du doigt. (1).

L'excessive rigueur de la Loi contre la femme adultère avoit nécessité la honteuse indulgence en faveur de l'époux criminel. On n'osoit pas donner à la femme la liberté de tuer son époux; d'ailleurs, cette liberté eût été inutile, vu sa foiblesse : mais parce qu'elle n'étoit pas assez forte pour se procurer la plus cruelle des vengeances, falloit-il la priver d'une vengeance légitime ? Quel fut l'effet de cette Loi tyrannique? Celui de toutes les Loix qui offensent la nature; la fureur les dicte, la cruauté s'en prévaut, l'humanité les repousse, et l'urbanité des mœurs amène enfin leur désuétude; mais alors, une Loi sévère, abrogée seulement par le fait, produit la licence et la corruption, car au moment que des Loix cessent d'exercer leur puissance, parce qu'elles ne sont plus faites pour les mœurs du

_____

(1) Aulugelle , *Noct. Atti.* , *lib.* 10 , *cap.* 23.

peuple, il faut que le despotisme et la corruption s'établissent : ces deux maux sont contemporains.

Tacite nous apprend avec quelle rigueur nos ayeux punissoient l'adultère, enfin chez toutes les Nations soumises à l'empire des Loix, ce crime fut puni, & il devoit l'être.

Mais par une injustice absurde autant que révoltante, la Loi ne fut sévère que pour les femmes ; pour elles seules elle fut sévèrement exécutée : c'est que les Législateurs, frappés seulement des inconvéniens de l'adultère de l'épouse, songèrent plus au bonheur des enfans et à leur sureté, qu'à la tranquillité et au bonheur des mères. Sans doute, les suites de ce crime semblent rendre la femme plus coupable, mais les moyens de réparer ses crimes lui sont ravis ; pour elle, la faute survit au repentir le plus sincère ; le remords, le regret de toute sa vie ne peuvent l'expier, car il est souvent de son devoir de verser, dans la solitude, des larmes amères, et de les dérober à celui qu'elle offensa : il est souvent de son devoir de taire sa faute ; l'aveu sembleroit l'aggraver, en punissant l'enfant innocent, du crime de sa mère, et en faisant naître le doute dans le cœur d'un père ; elle allégeroit peut-être son cœur par un aveu si pénible, mais elle causeroit des tourmens à celui qu'elle a offensé.

Mais si les suites du crime sont irréparables pour les femmes, la tentation de le commettre est la même, le même attrait les abuse, et peut-être la gloire d'une femme chaste est-elle au-dessus de celle d'un mari fidèle ; car l'ambition, les affaires, tous ces tourmens de la vie occupent, absorbent celle des hommes. Les femmes, livrées à l'oisiveté, ou occupées de devoirs plus calmes, sont abandonnées à la séduction et à leur propre penchant.

Si cependant, un mari barbare dédaigne celle qu'il a juré d'aimer ; si la vertu n'a plus de charmes pour lui ; s'il la méprise ; s'il ose approcher de celle qu'il doit respecter, le vice qui l'a subjugué ; si une passion illégitime obtient sur lui cet empire absolu qui ne devroit jamais appartenir qu'à l'amour vertueux ; si celle qui a la bassesse de souffrir l'attachement d'un homme qui n'est plus libre dans ses affections, est assez dépravée pour triompher de sa propre ignominie, et navrer le cœur trop sensible d'une épouse fidèle, également malheureuse de ses propres chagrins et de l'abjection de son époux, alors votre Loi osera-t-elle refuser le Divorce ? si elle le refusoit, alors au moins faudroit-il, pour être conséquent, croire à une religion qui permît de quitter la vie, quand on ne peut plus la supporter.

La loi du Divorce, pour fait d'adultère, doit donc être égale pour les deux époux.

Le désordre extrême peut être une cause du

Divorce, mais cet article exige de longs déve-
loppemens.

Le désordre extrême, réuni à l'adultère, qui
souvent en fut le principe, et qui presque toujours au moins en est le terme, fortifie le motif
du Divorce, fondé sur la simple accusation d'a-
dultère.

Mais le désordre extrême peut être encore,
dans les hommes, le fruit d'une passion désor-
donnée pour le luxe, pour le jeu; et dans les
classes inférieures, le désordre peut être le fruit
d'une férocité de caractère, qui porte le mari
à des excès affreux contre sa femme, sur-tout
si l'yvresse égare ses sens, et que son délire
augmente l'énergie de sa férocité.

La continuité de ce dernier désordre légiti-
meroit le Divorce; mais la foiblesse humaine
exige de la Loi, qu'elle laisse au coupable le
temps de se repentir.

L'adultère ne permet ni clémence ni rémission
aux yeux de la Loi. Si le Ciel fit naître l'indulgence dans le cœur des époux offensés, eux
seuls peuvent pardonner; mais la Loi contre
l'adultère est inflexible aussitôt qu'elle est ré-
clamée, et que l'on a prouvé que l'on étoit
fondé à la réclamer.

Il n'en est pas ainsi du désordre extrême. L'a-
dultère brise les nœuds du mariage; il en détruit

aussi-tôt l'existence ; mais le désordre extrême ne produit le même effet que lorsque la continuité a prouvé la dépravation de l'époux, dont le cœur se ferme au repentir.

En ce cas, la Loi doit menacer, avant de frapper ; elle doit accorder des séparations momentanées, mettre à l'abri de l'inconduite du mari la fortune de l'épouse, et ne se décider enfin à prononcer le Divorce, que lorsque plusieurs délais multipliés auront éteint l'espoir d'une résipiscence.

L'incompatibilité des caractères est sans doute un obstacle invincible au bonheur de ceux qui, unis au même sort, parcourant les mêmes destinées, doivent en partager le bonheur ou les adversités.

Cet obstacle est terrible ; il est insurmontable dans les mariages tels qu'ils sont autorisés par nos mœurs.

Quand deux époux, unis sans s'être aimés, sans avoir eu le temps de se mériter, se reconnoissent un caractère incompatible, le temps ne fait qu'accroître leur éloignement ; il devient bientôt aversion, haine horrible, implacable ; et comme tout plaît dans ce qu'on aime, ainsi tout irrite dans ce que l'on hait.

Ce malheur s'éloignera des mariages formés par l'union des cœurs et le sentiment : il s'élevera quelques orages, le bonheur sans trouble est le partage d'une autre patrie ; mais ces orages se calmeront : les sentimens qui firent naître la nécessité de s'unir ne perdront jamais leur empire, ces sentimens ne peuvent s'éteindre ; ils vivent de souvenirs ; ils renaîtront encore à l'aspect des pleurs de celle qu'on a tant aimée. Le visage d'une épouse jadis chérie, baigné de pleurs, rappelle de si doux regrets, excite un si amer repentir, qu'il est peu de cœurs assez insensibles pour ne pas s'émouvoir encore à de si touchans aspects : tous ces moyens de resserrer ces nœuds échappent aux hymens formés par la seule cupidité. La haine existe sans contre-poids dans le cœur des époux ; et la punition coupable des pères est la haine éternelle de ceux qu'ils voulurent unir.

La Loi doit donc être excessivement sévère pour admettre le Divorce sur la seule allégation de l'incompatibilité des caractères. Sans cela on sent dans quel horrible désordre elle nous plongeroit ; elle exciteroit des haines, au lieu de les calmer ; elle appelleroit la vengeance, au lieu de la désarmer, et d'une haine d'une année, elle feroit le supplice de la vie entière.

De longues séparations peuvent être tolérées quand les caractères sont incompatibles, et j'avoue que jamais le Divorce ne me paroîtroit autorisé par cette seule raison.

L'incompatibilité des caractères est un obstacle au bonheur ; mais l'âge, le temps, le repentir, peuvent changer les caractères, inspirer à l'un plus de tolérance, diminuer dans l'autre l'énergie de ses vices ; enfin le Divorce indiscrètement proposé enflamme l'imagination aussitôt que l'on croit qu'un caractère est incompatible avec le vôtre, mais la nécessité de respecter le lien que l'on a formé, en éloignant un espoir que la colère rendroit trop décevant, apprend à supporter quelques défauts et à les corriger par la bonté, l'amour et l'indulgence.

Telles sont mes opinions sur la loi du Divorce. Cette loi est un malheur, quand elle est devenue nécessaire ; et il faut user de tous les moyens possibles, pour rendre ce malheur infiniment rare.

Je sai bien que Montaigne (1) blâme l'indissolubilité du mariage, et approuve le Divorce ; qu'il attribue même à la facilité que donnoit le Divorce, la longue union des époux et cette constance dans les hymens, qui, pendant près de cinq cents ans, honora la République romaine.

Malgré le respect et l'amitié qu'inspire le philosophe Montaigne, il me paroît qu'il s'est trompé sur ce point.

Ce qui rendoit le Divorce très-rare, quand Rome

_____

(1) *Lib.* 2, *cap.* 15.

avoit des mœurs pures et de grandes vertus , c'est précisément parce que le Divorce avoit été établi chez ce même peuple, dans le temps où la pureté des mœurs étoit parvenue au terme de la perfection humaine : le Divorce lui parut inutile, tant qu'il conserva ses mœurs.

Voulez-vous savoir l'effet qu'il y produisit, quand les Romains devinrent le peuple le plus corrompu de ce même univers que leurs ancêtres avoient conquis ? Lisez Sénèque : il avoit sous ses yeux le tableau qu'il offroit à la postérité ; il peint les effets du Divorce chez les peuples corrompus (1).

« Est-il à présent une femme, qui rougisse d'in-
» voquer la loi du Divorce, maintenant que les
» femmes du plus haut rang comptent le nom-
» bre de leurs années , non plus par la succes-
» sion des Consuls, mais par celle de leurs
» époux ? Jadis on redoutoit le Divorce , parce
» qu'il étoit rare : maintenant que l'on n'entend
» parler que de Divorce , toutes les femmes ont
» appris à s'accoutumer à ce dont elles entendent
» parler sans cesse.

» Mais aussi, a-t-on conservé la moindre honte
» de l'adultère , à présent que l'on est parvenu à
» ce point de dépravation, qu'on n'accepte un

---

(1) L. Ann. Senec. *de Benef.* lib. 3 et 16.

» époux que pour provoquer l'adultère, et que
» la vertu des femmes est une preuve de leur
» laideur ; maintenant que celle qui ignore que
» le mariage n'est autre chose que le voile de
» l'adultère, passe pour folle et surannée ? »

Telles étoient les mœurs de ce peuple, quand
la loi du divorce lui devint utile : telles sont les
nôtres, à présent que nous réclamons le Divorce.

Or, il y a une grande différence dans les Loix,
suivant qu'elles sont données à un peuple vertueux ou à un peuple sans mœurs. Pendant cinq
cents ans, la Loi permit le Divorce chez les Romains, et les mœurs maintinrent seules l'indissolubilité du mariage.

Quand les Romains furent arrivés au point de
dépravation où nous sommes, cette Loi, pro-
mulguée sans danger pendant les beaux jours de
la République, devint son fléau dans sa déca-
dence.

Nos mœurs sont corrompues. Cette corruption
seule, parvenue à son comble, nécessite le Divorce ; mais la liberté du Divorce accroîtra la
corruption, si la Loi ne la restreint avec la plus
grande sévérité, et sur-tout si elle se rendoit coupable du crime irréparable de l'autoriser, quand il
est né des enfans d'un mariage légitime.

Après avoir exposé les motifs qui peuvent
enfin autoriser le Divorce, reste à établir quel

Tribunal prononcera le Divorce, à quel Tribunal se présenteront des époux assez malheureux pour le réclamer, quel Tribunal enfin pourra ordonner les informations nécessaires pour établir la légitimité d'une si funeste demande.

L'Auteur du très-bon Ouvrage, qui a traité du Divorce, veut qu'un Tribunal domestic pronce sur les Divorces pour fait d'adultère, de désordres extrêmes et d'incompatibilité de caractères. Ses vues sont pures : on le voit bien en lisant son Ouvrage ; mais il s'est trompé en cette occasion, je le crois fermement.

C'est une grande erreur, de croire qu'il soit possible au Législateur de promulguer les meilleures loix, de les rendre utiles au peuple : il ne faut qu'un décret, pour établir une loi ; il faut des cœurs préparés à lui obéir, pour la rendre salutaire ; et jamais toute la puissance humaine n'eût pu donner à Sybaris les loix du divin Lycurgue.

Or, vouloir établir en France l'autorité d'un Tribunal domestique, c'est vouloir naturaliser, chez un Peuple sans mœurs, un Tribunal qui n'existe qu'avec les mœurs et qui périt avec elles.

D'ailleurs, seroit-il bon, même en politique, de rétablir l'autorité d'un Tribunal domestique ? J'en doute : je dis mieux ; je suis convaincu du contraire.

Dans une République telle que Rome jusqu'à la ruine de Carthage, telle que Sparte jusqu'à son asservissment sous des tyrans, l'autorité d'un Tribunal domestique fut salutaire; elle punissoit, sans scandale, les fautes qu'il eût été périlleux pour les mœurs de divulguer, et cependant Lycurgue ne l'établit pas à Sparte.

Si elle assura le bonheur de Rome, c'est que dans une République composée d'hommes grossiers, mais d'hommes à qui les rafinemens du vice et ses attraits sont inconnus, il est aisé d'établir l'empire des mœurs; souvent elles naissent de l'ignorance des vices, mais elles ne se rétablissent plus, quand, à la pratique de tous les vices, se réunissent des opinions qui les justifient.

Or, dans une République où l'amour de la Patrie est la vertu dominante de tous les Citoyens, où chacun apprend, en naissant, à la chérir et à mourir pour elle; dans une République, où le mépris des richesses n'est pas même une vertu, mais une habitude; dans une République où tous, jeunes, vieillards, n'ont qu'un vœu, une ame, une volonté; où celui qui descend dans la tombe ne recommande à son fils que l'amour de la Patrie; dans un tel ordre de choses, l'autorité paternelle, le Tribunal de famille doit exister dans toute sa sévérité.

Il faut qu'un Père puisse suppléer le Magistrat, et punir, en s'enveloppant des ténèbres, le crime

honteux

honteux dont la possibilité est ignorée, et dont la connoissance seroit une calamité.

Mais tout change avec les mœurs ; et quand un pays libre n'est peuplé que d'hommes corrompus, que la soif de l'or est la passion la plus irrésistible des Citoyens, que l'ardeur d'être célèbre est telle, qu'on préfère de l'être par ses crimes, si l'on ne peut l'être par des vertus ; quand enfin, dans un tel pays, long-tems soumis au despotisme, la liberté vient à paroître, ou que du moins il est possible d'espérer qu'elle succédera à la plus honteuse licence, alors la Loi qui établiroit l'autorité d'un Tribunal de famille, seroit funeste à la liberté des Citoyens. Il faut tout attendre d'une génération nouvelle, élevée des mains de la nature, et craindre sur-tout que le despotisme domestique ne fasse regretter un jour le despotisme civil.

Les opinions des pères ne seront plus celles de leurs enfans ; et ce Tribunal domestique, dont l'influence pour accorder le Divorce seroit telle que de lui dépendroit le sort des familles, seroit un fléau dans un pays où toutes les passions sont allumées dans le cœur des Citoyens ; il n'engendreroit que haine, oppression et servitude, et de quelque manière qu'il fût composé, on n'y trouveroit souvent qu'un repaire de tyrans.

Chez nos aïeux, chez les Germains étoit éta-

blic l'autorité des parens : c'est d'eux que nous
avons retenu les punitions infligées à la femme
adultère, par la peine de l'authentique, et c'est
peut-être d'eux que l'Auteur du Divorce a reçu
l'idée du Tribunal domestique. Mais lisez ce que
nous apprend Tacite de ces Peuples.

« Parmi cette Nation, l'adultère est extrême-
» ment rare : la peine de ce crime est inévitable;
» le mari peut l'infliger (1).

» La femme coupable, dépouillée de ses vête-
» mens, les cheveux coupés, est chassée de la
» maison, en présence des parens, et conduite
» dans la Cité, où elle est battue de verges. »

Telles étoient les Loix des Germains ; mais lisez
la suite, et vous saurez quels étoient leurs
moyens.

« Il n'y a aucune grace à espérer pour la perte
» de la pudeur. Ni la beauté, ni la jeunesse,
» ni l'opulence, ne peuvent procurer un époux
» à une fille coupable. Personne ne sourit au vice;
» et l'on n'appelle pas usage du siècle, la facilité
» de corrompre et la honte d'être corrompu. »

Si vous voulez concevoir l'idée la plus sublime
des mariages, continuez encore.

« Qu'il est préférable, l'usage de ces pays où
» les filles seules peuvent se marier, et où l'hy-
» men n'allume pour elles qu'une seule fois son

_____

(1). C. C. Tacit. de Mor. Germ.

» flambeau ; sa durée est le terme des desirs et
» de l'espérance !

« Elles reçoivent un mari, comme l'on reçoit
» l'existence : leurs vœux, leurs desirs s'arrêtent
» sur lui seul ; elles l'aiment, non - seulement
» comme leur époux , mais comme l'unique
» moyen que le ciel leur a réservé de goûter
» l'amour et ses plaisirs. »

C'est pour de tels Peuples, qu'il est bon d'établir des Tribunaux domestiques.

Mais il n'en faut pas aux Peuples chez qui
leurs vertus passent pour des romans de morale.

L'Auteur croit que ce Tribunal éviteroit la
dangereuse publicité qu'exige la poursuite des
motifs honteux qui nécessitent quelquefois le
Divorce.

Mais cette publicité, bien loin d'être immo-
rale, est le dernier frein à opposer à la licence ;
la publicité est la punition du crime , et, en ce
cas, la sauve-garde de l'homme honnête et de la
femme vertueuse qu'un époux coupable, et séparé en secret de ses premiers liens , pourroit
encore séduire.

Le viol, la séduction domestique , sont des
crimes dont la poursuite est au moins aussi scan-
daleuse que celle de l'adultère. A - t on songé à
en ravir la connoissance aux Tribunaux ? Dé-
pend-il de l'Assemblée Nationale de soustraire
un Citoyen au Tribunal de la Loi , et de le

soumettre à un Jugement que ne prononçeroient pas ses organes? Je n'ose le croire : un tel établissement est absolument hors de sa puissance; mais fût-il en son pouvoir de créer ce Tribunal, elle feroit mal de l'établir.

La nécessité de poursuivre devant les Tribunaux les demandes en Divorce, sera un frein à la licence de ces demandes; et quand enfin elles seront nécessaires, alors la publicité de la demande et les moyens de la justifier annonceront aux ames honnêtes que tel, qui a obtenu ou mérité le Divorce, est digne de former d'autres nœuds; et c'est ce que ne vous procurera pas le Divorce accordé par un Tribunal domestique. L'ignorance des torts de celui qui mérita le Divorce, exposera à l'infortune les cœurs honnêtes qu'il pourroit égarer ou séduire.

Je le sais, une femme honnête et vertueuse répugnera long-tems à se présenter dans le Temple des Loix; et c'est encore un bien que vous devrez à la publicité de la demande du Divorce. La Loi qui l'accorde doit être égale entre les deux époux. Cependant, la nature en rendant les suites de la faute d'une femme presqu'irréparables, semble aussi vouloir dédommager l'époux en accordant aussi à la femme plus de patience à supporter le chagrin, plus de clémence pour pardonner des torts. Le sentiment de pudeur qui l'éloignera des Tribunaux, tant qu'il lui restera l'espoir de ramener son époux; est un sentiment honnête et utile à la Société; enfin, si elle y paroît, c'est que, sans doute, les torts du mari seront intolérables, et alors, elle aura exaucé le vœu de la Loi sur le Divorce.

Je crois donc qu'il ne faut pas établir chez nous le Tribunal domestique; qu'il seroit dangereux pour la liberté, nuisible au bonheur des individus; qu'il détruiroit les mœurs, ou plutôt, qu'il ôteroit le seul frein qui en tient lieu, la crainte de la publicité.

Que cette publicité est un bien; qu'elle n'a rien de dangereux ni d'immoral, et que la pudeur d'une femme honnête, que cette publicité éloignera des Tribunaux, tant qu'elle pourra supporter ses maux, est un bienfait dû à la publicité de la demande en Divorce.

Telles sont mes idées sur le Divorce. Je ne traite pas ici des moyens à employer pour qu'en se séparant, chaque époux jouisse de sa fortune et la retire d'une communauté que la Loi a dissoute : dès qu'il n'existera pas de Divorce, lorsqu'il y aura des enfans, ces arrangemens seront aisés à faire; et cependant, il paroît juste qu'une femme pauvre, qui n'apporta en dot à son époux que des vertus et de la beauté, ne soit pas la victime de ses torts, et que s'il est opulent, elle ait un droit sur une partie de sa fortune.

Il le seroit aussi, qu'un mari eût droit de retenir une partie de la dot d'une femme opulente, si ses crimes le forcent de la répudier, si toutefois il existe un homme qui puisse se résoudre à recevoir son existence de celle qui a perdu tout droit à son estime.

Je n'ai pas le courage de m'appesantir sur de pareils détails, quoique convaincu de leur importance.

Je n'ai considéré la Loi du Divorce, qu'en me rappelant sans cesse quelles étoient nos mœurs; puisse la liberté les régénérer, et les rendre dignes de l'estime des Peuples qui savent les honorer!

Tous les charmes de la vie sont réunis dans les mariages assortis par l'estime et le sentiment; c'est par de pareils hymens que les mœurs peuvent encore s'épurer : mais vainement espérerions-nous un pareil bonheur, tant que le malheur de l'Etat rendra malheureux tous les Citoyens. Quand toutes les fortunes sont menacées par l'injustice et le brigandage, la terreur et la haine étouffent tout sentiment tendre; alors on s'applaudit d'être célibataire; on rend graces au Ciel de n'avoir que soi à abreuver des amertumes de la vie, et de mourir tout entier, sans terreur pour des enfans dont on prévoit les douloureuses destinées. Un tel ordre de choses est si cruel, si affreux, qu'il ne peut subsister long-

temps. A cette crise violente succédera le calme
et la liberté ; alors l'hymen rallumera son flambeau,
et si la loi du Divorce est établie , puisse chaque citoyen ambitionner encore de mériter qu'on
écrive sur sa tombe ce que Tacite , en immorta-
lisant Agricola , écrivoit sur le tombeau des auteurs de ce grand homme.

Vixerunt mirâ concordiâ, per mutuam carita-
tem, et invicem se anteponendo.

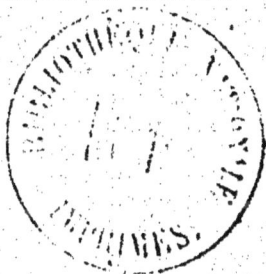

www.ingramcontent.com/pod-product-compliance
Lightning Source LLC
Chambersburg PA
CBHW071005280326

41934CB00009B/2180